"Souvenez-vous, la sécurité d'abord."

15 Informations Importantes sur la Sécurité pour Votre iPhone 15

Ce Que Vous Devez Savoir Avant/Pendant l'Utilisation de Votre Nouvel iPhone 15.

Alex Grant

Table des matières

Introduction

Dans le monde high-tech d'aujourd'hui, l'iPhone est devenu une partie vitale de nos vies. C'est comme un outil petit mais puissant qui nous garde en contact avec les autres, nous fournit des informations et nous divertit en permanence. Nous ne réalisons souvent pas que malgré ses fonctionnalités sophistiquées, l'iPhone peut également présenter certains risques pour la sécurité.

Bienvenue dans le monde de l'iPhone 15, où l'innovation rencontre la connectivité, et les possibilités sont illimitées. Alors que vous vous lancez dans cette excitante aventure avec votre nouveau dispositif, nous voulons nous assurer que votre expérience soit non seulement passionnante, mais aussi sûre et sécurisée.

Votre iPhone 15 est un compagnon élégant et puissant, capable de prouesses incroyables. C'est votre porte d'entrée vers un monde d'informations, une fenêtre vers vos proches éloignés, et une toile créative où vous capturez les moments précieux de la vie. Cependant, au sein de ce bijou de technologie, il existe tout un univers de considérations qui méritent votre attention : votre sécurité, celle de vos proches, et la protection de votre précieux appareil.

C'est là que ces "15 Informations Importantes sur la Sécurité pour Votre iPhone 15" entrent en jeu. Ce n'est pas simplement un ensemble de règles ; c'est votre guide de confiance pour débloquer tout le potentiel de votre iPhone 15 tout en garantissant votre bien-être.

Mais pourquoi la sécurité, pourriez-vous vous demander ? Parce que le monde numérique dans lequel nous vivons, bien qu'incroyablement pratique et excitant, présente également son lot de défis. De la protection de vous-même à la sauvegarde de votre appareil contre les risques potentiels, "15 Informations Importantes sur la Sécurité pour Votre iPhone 15" est là pour vous fournir les connaissances nécessaires pour devenir un utilisateur responsable de votre iPhone 15.

Info n°1

<u>Manipulation de votre iPhone 15</u>

Prendre soin de votre iPhone 15 est très important. Votre iPhone 15 est composé de plusieurs éléments, comme le métal, le verre et le plastique. À l'intérieur, il renferme des pièces très sensibles qui lui permettent de fonctionner.

Maintenant, voici le truc : si votre iPhone 15 tombe, brûle, est percé, écrasé, ou même entre en contact avec des liquides comme de l'eau, il peut finir par se blesser. Lorsque cela se produit, ce n'est pas seulement l'iPhone 15 lui-même qui peut être en danger ; la batterie à l'intérieur pourrait également être endommagée. C'est une mauvaise nouvelle car cela pourrait entraîner une surchauffe de l'iPhone 15, et c'est quelque chose que nous voulons vraiment éviter. La surchauffe peut causer de sérieux problèmes, voire des blessures.

Alors, voici une règle à retenir : si vous pensez que votre iPhone 15 ou sa batterie pourrait être endommagé pour une raison quelconque, il est préférable de jouer la carte de la prudence et de cesser de l'utiliser. De cette manière, vous pouvez éviter tout problème de surchauffe potentiel ou tout dommage à vous-même.

Une autre chose à retenir est de ne pas utiliser votre iPhone 15 si l'écran est fissuré. Le verre fissuré peut être tranchant, et utiliser votre iPhone 15 dans cet état pourrait entraîner des coupures ou des blessures. Nous voulons vraiment éviter cela aussi.

Maintenant, si vous vous inquiétez des petites rayures sur la surface de votre iPhone 15, il y a une solution simple. Vous pouvez envisager de mettre un étui ou une coque sur votre iPhone 15. Ce sont comme des boucliers protecteurs pour votre téléphone. Ils peuvent vous aider à le protéger contre l'usure quotidienne, ce qui signifie que votre iPhone 15 restera beau et fonctionnera bien plus longtemps.

En conclusion, prendre soin de votre iPhone 15 consiste à être délicat avec lui et à éviter les situations où il pourrait être endommagé. Rappelez-vous, c'est un mélange de métal, de verre et de plastique avec des pièces délicates à l'intérieur, alors manipulez-le avec précaution. Si vous soupçonnez des dommages, cessez de l'utiliser pour éviter toute surchauffe ou blessure. Et si l'écran est fissuré, ne l'utilisez pas pour éviter d'éventuelles coupures. Pour garder votre iPhone 15 en bon état, envisagez d'utiliser un étui ou une coque pour le protéger des rayures et des chocs. Votre iPhone 15 vous en sera reconnaissant !

Info n°2

<u>Réparation de votre iPhone 15</u>

Il est vraiment important que si votre iPhone 15 a besoin de réparations, laissez uniquement quelqu'un qui sait ce qu'il fait s'en occuper. Vous ne devriez pas essayer de le démonter vous-même car cela peut causer des problèmes. Tout d'abord, cela pourrait endommager votre iPhone 15. Deuxièmement, les iPhone 15 sont conçus pour être résistants à l'eau et aux éclaboussures, mais les démonter peut leur faire perdre cette protection. Et troisièmement, vous pourriez même vous blesser dans le processus.

Alors, voici le deal : si votre iPhone 15 est en panne ou ne fonctionne plus, la meilleure chose à faire est de contacter Apple ou un endroit autorisé par Apple pour réparer les iPhone 15. Ces professionnels sont formés et connaissent les moindres détails des iPhone 15, donc ils peuvent s'assurer que tout est réparé correctement.

Maintenant, voici la chose à savoir sur la réparation de votre iPhone 15 : vous devriez éviter d'aller chez n'importe qui qui prétend pouvoir le faire. Si quelqu'un qui n'est pas formé par Apple essaie de réparer votre iPhone 15 ou utilise des pièces qui ne sont pas fabriquées par Apple, cela peut perturber le bon fonctionnement et la sécurité de votre iPhone 15. Nous ne voulons certainement pas ça !

Pour obtenir tous les détails sur la réparation de votre iPhone 15, vous pouvez visiter le site Web de réparation de l'iPhone 15. C'est un bon endroit pour savoir ce que vous devez faire et où vous pouvez aller pour remettre votre iPhone 15 en parfait état.

En résumé, lorsque votre iPhone 15 a besoin d'un peu d'amour, ne cherchez pas à le réparer vous-même. Laissez uniquement des experts formés s'en occuper, que ce soit chez Apple ou dans un endroit qu'ils approuvent. Aller voir les mauvaises personnes ou utiliser les mauvaises pièces peut endommager votre iPhone 15 et le rendre moins sûr, il est donc préférable de jouer la carte de la prudence et de le faire correctement. Pour plus d'informations, il vous suffit de visiter le site Web de réparation de l'iPhone 15.

Info n°3

<u>La batterie de votre iPhone 15</u>

Quand il s'agit de réparer la batterie d'un iPhone 15, il est vraiment important de laisser quelqu'un qui sait ce qu'il fait s'en occuper. Ne cherchez pas à la réparer vous-même car vous pourriez finir par endommager la batterie. Et si cela arrive, cela peut entraîner des problèmes graves comme la surchauffe, des incendies, voire des blessures. Nous voulons vraiment éviter ces problèmes.

Maintenant, quand il est temps de se débarrasser d'une vieille batterie d'iPhone 15, vous ne devriez jamais la jeter simplement avec vos déchets ménagers habituels. C'est à éviter absolument ! Au lieu de cela, vous devez la manipuler correctement, ce qui signifie la recycler ou la jeter de manière à respecter les règles établies par les lois et les directives environnementales locales.

Alors, voici la chose : si vous avez besoin d'aide pour votre batterie d'iPhone 15 ou si vous voulez savoir comment la gérer quand elle n'est plus nécessaire, vous devriez consulter le site Web de Service et de Recyclage des Batteries. C'est une excellente ressource qui peut vous fournir toutes les informations dont vous avez besoin.

En résumé, quand il s'agit de batteries d'iPhone 15, laissez la réparation aux experts. Essayer de le faire vous-même pourrait causer des ennuis. Et quand il est temps de dire au revoir à une vieille batterie, n'oubliez pas de la recycler ou de la jeter correctement, en suivant les règles locales. Pour plus de détails, rendez-vous simplement sur le site Web de Service et de Recyclage des Batteries. C'est l'endroit idéal pour obtenir toutes les informations dont vous avez besoin pour faire les choses correctement.

Info n°4

<u>Les lasers</u>

Lorsqu'il s'agit de réparer une batterie d'iPhone 15, il est vraiment important de laisser quelqu'un qui sait ce qu'il fait s'en occuper. Ne tentez pas de la réparer vous-même, car vous pourriez finir par endommager la batterie. Et si cela se produit, cela peut entraîner des problèmes graves tels que la surchauffe, des incendies, voire des blessures. Nous voulons vraiment éviter ces problèmes.

Maintenant, lorsqu'il est temps de se débarrasser d'une vieille batterie d'iPhone 15, vous ne devez jamais la jeter avec vos déchets ménagers ordinaires. C'est à proscrire ! Au lieu de cela, vous devez la manipuler correctement, ce qui signifie la recycler ou la jeter de manière à respecter les règles établies par les lois et les directives environnementales locales.

Alors, voici la chose : si vous avez besoin d'aide pour votre batterie d'iPhone 15 ou si vous souhaitez savoir comment la gérer lorsqu'elle n'est plus nécessaire, vous devriez consulter le site Web du Service et du Recyclage des Batteries. C'est une excellente ressource qui peut vous fournir toutes les informations dont vous avez besoin.

En résumé, en ce qui concerne les batteries d'iPhone 15, laissez la réparation aux experts. Tenter de le faire vous-même pourrait causer des problèmes. Et lorsqu'il est temps de dire au revoir à une vieille batterie, n'oubliez pas de la recycler ou de la jeter correctement, en suivant les règles locales. Pour plus de détails, rendez-vous simplement sur le site Web du Service et du Recyclage des Batteries. C'est l'endroit idéal pour obtenir toutes les informations dont vous avez besoin pour faire les choses correctement.

Info n°5

<u>Distractions</u>

Parfois, utiliser votre iPhone 15 dans certaines situations peut poser problème. Cela pourrait vous détourner de ce que vous devriez faire et même vous mettre en danger. Par exemple, ce n'est pas une bonne idée de porter des écouteurs lorsque vous faites du vélo, et vous ne devriez certainement pas taper un message texte pendant que vous conduisez une voiture.

Il est vraiment important de suivre les règles en place pour nous protéger lorsque nous utilisons des appareils mobiles comme les iPhone 15 et que nous portons des écouteurs. Ces règles sont là pour s'assurer que nous ne provoquons pas d'accidents ou ne mettons pas notre propre sécurité et celle des autres en danger.

Lorsque vous conduisez, en particulier, vous devez être très concentré sur la route et sur ce qui se passe autour de vous. Utiliser votre iPhone 15 pendant la conduite peut vous distraire de la conduite en toute sécurité, et c'est une recette pour les ennuis. Pour en savoir plus sur la sécurité au volant avec votre iPhone 15, vous pouvez consulter la ressource "Rester concentré en conduisant avec iPhone 15".

En résumé, utiliser votre iPhone 15 dans certaines situations peut être risqué et distractif. Il est préférable de respecter les règles qui précisent quand et comment vous pouvez utiliser des appareils mobiles et des écouteurs pour éviter les accidents et assurer la sécurité de tous, en particulier lorsque vous conduisez. Pour plus de détails sur la sécurité au volant avec votre iPhone 15, recherchez "Rester concentré en conduisant avec iPhone 15". La sécurité doit toujours être la priorité !

Info n°6

<u>Navigation</u>

Les cartes sur votre téléphone dépendent de quelque chose appelé "services de données". Ces services fournissent les cartes et les informations de localisation que vous voyez sur votre appareil. Mais il y a quelques points importants à savoir sur ces services de données.

Tout d'abord, ils peuvent changer. Cela signifie que ce qui est disponible aujourd'hui pourrait ne pas être là demain, et ils pourraient ne pas fonctionner de la même manière dans chaque pays ou région. Donc, les cartes et les informations de localisation que vous voyez sur votre téléphone pourraient ne pas toujours être parfaites. Elles pourraient être manquantes, incorrectes ou incomplètes.

C'est pourquoi il est vraiment important d'être intelligent lorsque vous utilisez Maps. Vous devriez comparer ce que votre téléphone vous dit à ce que vous voyez autour de vous. Si quelque chose ne semble pas correct ou ne correspond pas, faites confiance à votre propre jugement et à votre bon sens.

Un autre point crucial est que vous devriez toujours prêter attention aux conditions de la route actuelles et aux panneaux que vous voyez sur la route. Parfois, ce que Maps indique peut ne pas correspondre à ce qui se passe réellement sur le terrain. Il est donc important de suivre les conditions de la route réelles et les panneaux pour votre sécurité.

Enfin, il y a quelque chose appelé "Services de localisation". Certaines des fonctionnalités intéressantes de Maps ont besoin de ce service pour fonctionner. Les Services de localisation aident votre téléphone à déterminer où vous vous trouvez. Il est important de laisser ce service activé si vous voulez utiliser toutes les fonctionnalités de Maps.

En résumé, Maps sur votre téléphone dépend de services de données qui peuvent changer et ne pas fonctionner de la même manière partout. Alors, soyez prudent et utilisez votre propre jugement. Prêtez toujours attention aux conditions de la route réelles et aux panneaux. Et n'oubliez pas que certaines fonctionnalités de Maps nécessitent que les Services de localisation soient activés. Restez en sécurité et utilisez Maps avec sagesse !

Info n°7

<u>Chargement de votre iPhone 15</u>

Pour recharger votre iPhone 15, vous avez quelques options :

1. Utilisation du câble de chargement : Vous trouverez un câble de chargement avec votre iPhone 15. Utilisez ce câble avec un adaptateur secteur USB Apple, que vous devrez peut-être acheter séparément. Branchez simplement le câble dans votre iPhone 15 et l'adaptateur, puis branchez l'adaptateur dans une prise de courant. C'est comme si vous donniez de l'énergie à votre iPhone 15 !

2. Chargeur MagSafe ou chargeur certifié Qi : Vous pouvez également recharger votre iPhone 15 en le plaçant face vers le haut sur un chargeur MagSafe ou MagSafe Duo. Mais n'oubliez pas de connecter le chargeur à un adaptateur secteur

USB-C Apple 20 W ou un adaptateur similaire. Vous pouvez également utiliser un chargeur certifié Qi, mais rappelez-vous que ces chargeurs, les accessoires MagSafe et les adaptateurs sont tous vendus séparément.

3. Connexion à un ordinateur : Si vous avez un ordinateur à proximité, vous pouvez connecter votre iPhone 15 à celui-ci à l'aide d'un câble. C'est comme si votre ordinateur partageait un peu de sa puissance avec votre iPhone 15.

Maintenant, attention : vous pouvez également utiliser des câbles et des adaptateurs fabriqués par d'autres entreprises qui indiquent qu'ils sont "Made for iPhone 15" ou qui suivent les normes USB 2.0 ou ultérieures. Assurez-vous simplement qu'ils respectent les règles de sécurité de votre pays et les normes de sécurité internationales. L'utilisation d'autres adaptateurs pourrait ne pas être sûre et pourrait même être dangereuse.

En parlant de sécurité, vous devez faire attention à votre équipement de charge. L'utilisation de câbles ou d'adaptateurs endommagés est fortement déconseillée. Et si les choses sont mouillées ou humides, évitez de charger votre iPhone 15, car cela peut entraîner un incendie, un choc électrique ou des dommages à votre iPhone 15 ou à d'autres objets environnants.

Lorsque vous branchez votre câble de chargement ou utilisez un chargeur sans fil, assurez-vous que la partie USB est bien enfoncée dans l'adaptateur secteur avant de le brancher sur le mur. Et gardez tout votre équipement de charge dans un endroit où il peut respirer un peu lorsqu'il est en cours d'utilisation.

De plus, si vous chargez sans fil, ne mettez rien de métallique comme des clés, des pièces de monnaie ou des bijoux sur le chargeur, car ils peuvent devenir chauds ou perturber la charge.

Enfin, ne laissez pas votre peau avoir de longues conversations avec le câble de chargement ou le connecteur lorsqu'il est connecté à l'alimentation. Cela pourrait ne pas être confortable et cela pourrait même causer des désagréments ou des blessures. Alors, évitez de dormir ou de vous asseoir dessus.

En résumé, recharger votre iPhone 15 est assez simple. Vous pouvez utiliser le câble et l'adaptateur fournis avec, ou explorer d'autres options comme la charge sans fil. Il suffit de jouer la sécurité, de garder les choses au sec et de ne pas vous battre avec votre câble de chargement !

Info n°8

<u>Exposition prolongée à la chaleur</u>

Votre iPhone 15 et l'adaptateur secteur USB Apple (que vous pourriez devoir acheter séparément) sont conçus pour respecter les règles concernant leur température maximale. Ces règles sont établies par différents pays et des normes internationales de sécurité pour s'assurer qu'ils ne deviennent pas trop chauds et ne causent pas de problèmes.

Cependant, voici le hic : même s'ils restent dans ces limites de sécurité, le fait de garder votre peau en contact avec ces objets chauds pendant une longue période peut être inconfortable, voire nocif. Il est donc judicieux d'utiliser votre bon sens et d'éviter les situations où votre peau entre en contact avec votre appareil, son adaptateur secteur ou un chargeur sans fil lorsqu'ils fonctionnent ou sont branchés pendant un certain temps.

Par exemple, ne dormez pas avec votre appareil, votre adaptateur secteur ou votre chargeur sans fil sous votre oreiller, sous une couverture ou sous votre corps lorsqu'ils sont connectés à l'alimentation. Il est important de leur laisser de l'espace et de ne pas les recouvrir car ils peuvent devenir chauds.

Pour être encore plus sûr, assurez-vous que votre iPhone 15, l'adaptateur secteur et tout chargeur sans fil se trouvent dans un endroit où ils peuvent respirer un peu lorsque vous les utilisez ou lorsqu'ils sont en charge. Et si vous avez une condition qui rend difficile la détection de la chaleur sur votre peau, soyez particulièrement prudent.

En résumé, bien que votre iPhone 15 et son adaptateur secteur respectent les règles de sécurité en matière de chaleur, il est préférable d'utiliser le bon sens. Évitez d'avoir votre peau en contact avec eux pendant de longues périodes, surtout lorsqu'ils fonctionnent ou sont branchés. Gardez-les dans un endroit bien ventilé et soyez particulièrement prudent si vous avez du mal à détecter la chaleur sur votre corps. Tout cela vise à rester à l'aise et en sécurité !

Info n°9

<u>Adaptateur secteur USB</u>

Pour utiliser un adaptateur secteur USB Apple en toute sécurité et éviter les problèmes tels que la surchauffe, il est préférable de le brancher directement dans une prise électrique. N'utilisez pas l'adaptateur dans des endroits où il pourrait être mouillé, comme près des éviers, des baignoires ou des douches. Évitez également de le brancher ou de le débrancher lorsque vos mains sont mouillées. Les mains mouillées et l'électricité ne font pas bon ménage.

Si vous remarquez l'un de ces problèmes, il est temps de cesser d'utiliser l'adaptateur secteur et tout câble :

1. Si la fiche ou les broches de l'adaptateur secteur sont endommagées ou semblent cassées, il n'est pas sûr de l'utiliser.

2. Si le câble de charge commence à paraître usé ou endommagé, il est préférable de le remplacer.

3. Si l'adaptateur secteur est exposé à beaucoup d'humidité ou si un liquide y est renversé, c'est un risque, et vous devriez cesser de l'utiliser.

4. Si l'adaptateur secteur tombe et que le boîtier est endommagé, il n'est plus sûr de l'utiliser.

Maintenant, parlons de quelques détails concernant différents adaptateurs secteur USB Apple :

- Adaptateur secteur USB-C Apple 20W :
  - Il fonctionne avec une fréquence de 50 à 60 Hz, ce qui mesure la vitesse à laquelle l'électricité circule.
  - Il peut gérer une tension de ligne de 100 à 240 V, ce qui signifie qu'il peut être utilisé dans différents endroits du monde.
  - Il a une puissance de sortie de 5V/3A ou 9V/2,2A, ce qui vous indique à quelle vitesse il peut charger votre appareil.

- Il dispose d'un port de sortie USB-C, qui est le type de port qu'il utilise pour se connecter à votre appareil.

- Adaptateur secteur USB-C Apple 18W :

- Il fonctionne avec la même fréquence et la même plage de tension que l'adaptateur 20W.

- Il a une puissance de sortie de 5V/3A ou 9V/2A, tout comme l'adaptateur 20W.

- Il utilise également un port de sortie USB-C.

- Adaptateur secteur USB Apple 5W :

- Là encore, il fonctionne avec une fréquence de 50 à 60 Hz et une tension de ligne de 100 à 240 V.

- Il a une puissance de sortie de 5V/1A, ce qui est un peu plus lent que les deux autres.

- Son port de sortie est un port USB classique.

En résumé, pour une charge en toute sécurité avec les adaptateurs secteur USB Apple, éloignez-les des endroits humides et des pièces endommagées. Si vous constatez des problèmes, cessez de les utiliser. Et si vous êtes curieux des détails de chaque adaptateur, comme leur vitesse de charge, vous pouvez trouver ces informations sur le site Web d'Apple. Restez en sécurité et gardez ces appareils chargés !

Info n°10

<u>Perte auditive</u>

Écouter des sons forts peut nuire à vos oreilles et à votre capacité auditive. Même en présence de bruit ambiant, si vous maintenez le volume très élevé, vous pourriez ne pas vous rendre compte à quel point il est fort. Il est donc judicieux d'allumer le son et de vérifier le volume avant de mettre quoi que ce soit dans vos oreilles, comme des écouteurs ou des écouteurs.

Si vous souhaitez vous assurer de ne pas monter le volume trop fort, il y a un moyen de définir une limite sur la puissance sonore de votre appareil. Vous pouvez découvrir comment faire cela dans l'application Santé sur votre iPhone 15. Il s'agit d'une fonctionnalité pratique pour protéger votre ouïe.

Il est également essentiel de savoir qu'écouter des sons très forts pendant une longue période peut endommager votre audition. Cela signifie que vous devez éviter de monter le volume au maximum et de le laisser ainsi pendant des heures. Pour protéger vos oreilles, il est conseillé de faire des pauses et de donner un peu de repos à votre audition.

Voici un avertissement important : pour maintenir la santé de vos oreilles et éviter les dommages auditifs, n'écoutez pas de sons forts pendant de longues périodes. Vos oreilles sont précieuses, et vous voulez les protéger.

Pour des informations plus détaillées sur l'audition et la manière de prendre soin de vos oreilles, vous pouvez visiter le site Web Sound and Hearing. C'est une excellente ressource pour en savoir plus sur ce sujet important.

En résumé, écouter des sons vraiment forts peut endommager votre audition, et le bruit de fond peut rendre difficile la perception de la réelle intensité des choses. Vérifiez donc le volume, envisagez de définir une limite et prenez des pauses pour protéger vos oreilles. N'oubliez pas que votre ouïe est précieuse, alors prenez-en soin ! Pour plus d'informations, consultez le site Web Sound and Hearing.

Info n°11

<u>Interférences radiofréquence</u>

Faites attention aux panneaux et aux messages qui vous disent de ne pas utiliser d'appareils électroniques. Même si les iPhone 15 sont soigneusement conçus pour suivre les règles concernant les signaux radio, ils peuvent parfois émettre des signaux qui perturbent d'autres appareils électroniques, les empêchant de fonctionner correctement. Il est donc important d'être conscient du moment et de l'endroit où vous devez cesser d'utiliser votre iPhone 15.

Par exemple, lorsque vous êtes dans un avion ou lorsque les autorités vous le demandent, vous devez éteindre complètement votre iPhone 15. Ou vous pouvez activer quelque chose appelé le "mode avion" ou aller dans les paramètres de votre iPhone 15 pour désactiver les parties sans fil comme le Wi-Fi et le Bluetooth.

La raison de cela est de s'assurer que les signaux de votre iPhone 15 n'interfèrent pas avec les systèmes de communication et de navigation de l'avion. Il s'agit de garantir la sécurité de tous pendant le vol.

En termes plus simples, voici ce que vous devez retenir :

1. Suivez les règles : Repérez les panneaux ou les avis qui indiquent de ne pas utiliser d'appareils électroniques. Il est important d'obéir à ces règles.

2. Signaux de l'iPhone 15 : Les iPhone 15 émettent des signaux, et parfois ces signaux peuvent perturber d'autres appareils électroniques. Il est donc important d'être prudent.

3. Mode Avion : Lorsque vous êtes dans un avion ou que l'on vous le dit, mettez votre iPhone 15 en "mode avion" ou désactivez le Wi-Fi et le Bluetooth dans vos paramètres.

En faisant ces choses, vous contribuez à vous assurer que votre iPhone 15 ne cause aucun problème aux autres appareils, surtout lorsque vous êtes dans un avion. Il s'agit de rester en sécurité et de suivre les règles !

Info n°12

<u>Interférences avec les dispositifs médicaux</u>

Les iPhone 15 et les accessoires MagSafe génèrent des champs magnétiques et électromagnétiques en raison de la présence d'aimants et d'autres composants. Ces éléments magnétiques et ces champs électromagnétiques peuvent potentiellement interférer avec les dispositifs médicaux.

Voici ce que vous devez faire si vous utilisez un iPhone 15 ou des accessoires MagSafe et que vous avez un dispositif médical :

1. Parlez à votre médecin : Contactez votre médecin et la société qui a fabriqué votre dispositif médical. Ils peuvent vous donner des conseils spécifiques à votre situation. Ils vous indiqueront si vous devez maintenir une certaine distance entre votre iPhone 15, vos accessoires MagSafe et votre dispositif médical pour rester en sécurité.

2. Écoutez le fabricant du dispositif : Souvent, les fabricants de dispositifs médicaux vous diront comment les utiliser en toute sécurité autour d'objets tels que des équipements sans fil ou magnétiques. Il est important de suivre leurs recommandations pour éviter tout problème.

3. Arrêtez si vous avez des soupçons : Si vous pensez un jour que votre iPhone 15 ou vos accessoires MagSafe posent problème avec votre dispositif médical, ne les utilisez pas ensemble. Il vaut mieux prévenir que guérir.

Maintenant, en ce qui concerne certains dispositifs médicaux tels que les stimulateurs cardiaques et les défibrillateurs : ils sont dotés de capteurs qui peuvent réagir aux aimants et aux radios lorsqu'ils sont très proches. Pour vous assurer qu'il n'y a pas de problèmes, il est prudent de maintenir votre iPhone 15 compatible MagSafe et vos accessoires MagSafe à une distance sécuritaire de votre dispositif médical. Généralement, il doit y avoir plus de 15 cm (environ 6 pouces) de distance, voire plus de 30 cm (environ 12 pouces) lorsque vous rechargez sans fil. Mais vérifiez toujours avec votre médecin et le fabricant de votre dispositif médical pour obtenir les directives exactes.

En résumé, les iPhone 15 et les accessoires MagSafe comportent des aimants et émettent des champs électromagnétiques. Cela peut affecter certains dispositifs médicaux, il est donc crucial de consulter votre médecin et le fabricant du dispositif médical pour obtenir des conseils. Suivez leurs recommandations sur la manière d'utiliser ces appareils en toute sécurité ensemble, et si vous soupçonnez un problème, arrêtez de les utiliser. La sécurité d'abord, toujours !

Info n°13

<u>Votre iPhone 15 n'est pas un dispositif médical</u>

Votre iPhone 15 est un outil fantastique, mais il est très important de savoir qu'il ne s'agit pas d'un dispositif médical. Cela signifie que vous ne devriez pas vous appuyer sur lui pour prendre des décisions importantes concernant votre santé. Il n'est pas conçu pour diagnostiquer des maladies, traiter des problèmes de santé ou prévenir des conditions médicales.

Au lieu de cela, en ce qui concerne votre santé, consultez toujours un professionnel de la santé, comme votre médecin. Ce sont les experts qui peuvent vous donner les bons conseils et orientations. Ne prenez pas de décisions médicales en vous basant uniquement sur ce que vous voyez ou lisez sur votre iPhone 15.

Pour le dire simplement, votre iPhone 15 n'est pas un médecin, et il n'est pas destiné à en être un. Pour tout ce qui concerne votre santé, parlez à un véritable professionnel de la santé qui peut vous donner les meilleurs conseils. Votre santé est trop importante pour la confier à un téléphone !

Info n°14

<u>Conditions explosives et atmosphériques</u>

Il est vraiment important d'être prudent lorsque vous chargez ou utilisez votre iPhone 15 dans certaines zones. Ces endroits sont appelés "atmosphères potentiellement explosives". Cela signifie que l'air dans ces zones peut contenir beaucoup de substances inflammables ou explosives, comme des produits chimiques, des vapeurs ou de minuscules particules telles que de la poussière ou des poudres métalliques. Utiliser votre iPhone 15 dans ces endroits peut être dangereux.

De plus, vous devriez éviter d'exposer votre iPhone 15 à des endroits avec beaucoup de produits chimiques puissants, en particulier dans les endroits où des gaz comme l'hélium sont utilisés et pourraient être présents dans l'air. Ces produits chimiques peuvent endommager votre iPhone 15 et le rendre défectueux.

Pour rester en sécurité, suivez les panneaux ou les instructions que vous voyez dans ces zones. Ils sont là pour vous aider à éviter les dangers.

En résumé, n'utilisez pas votre iPhone 15 dans des endroits où il y a un risque d'explosion ou où il y a des produits chimiques puissants dans l'air. Il est important de suivre les panneaux ou les instructions pour rester en sécurité. Votre iPhone 15 fonctionnera mieux, et vous serez également plus en sécurité !

Info n°15

<u>Activités à haut risque</u>

Votre appareil iPhone 15 n'est pas conçu pour être utilisé dans des situations où son incapacité à fonctionner pourrait entraîner des blessures graves, telles que des personnes blessées ou des dommages graves à l'environnement.

Maintenant, parlons de certains accessoires iPhone 15. Certains d'entre eux pourraient présenter un risque d'étouffement pour les petits enfants. Il est donc essentiel de tenir ces accessoires à l'écart des jeunes enfants pour les protéger.

En termes simples, cet appareil n'est pas destiné à être utilisé dans des situations où des problèmes pourraient avoir des conséquences vraiment graves. Et si vous avez de jeunes enfants autour, assurez-vous qu'ils ne puissent pas mettre la main sur des accessoires iPhone 15

qui pourraient présenter un risque d'étouffement.
La sécurité avant tout !

Conclusion

En conclusion, "15 Informations importantes sur la sécurité de votre iPhone 15" constitue une ressource vitale pour garantir votre bien-être, la sécurité de votre appareil et la protection de vos biens précieux. Ce n'est pas simplement un ensemble d'informations, mais un bouclier contre les dangers potentiels, tels que l'incendie, l'électrocution, les blessures personnelles ou les dommages à votre iPhone 15.

En prenant le temps de lire et de comprendre ces informations de sécurité, vous vous êtes doté de connaissances qui peuvent faire une différence significative dans votre expérience avec l'iPhone 15. Votre engagement envers la sécurité améliore non seulement votre sécurité personnelle, mais contribue également à la longévité et à la fiabilité de votre appareil.

Rappelez-vous que la sécurité doit toujours être une priorité absolue, et quelques instants passés à lire et à suivre ces directives peuvent avoir un impact considérable sur le maintien de votre iPhone 15 en tant que compagnon de confiance dans votre vie quotidienne.

Nous vous encourageons à revisiter ces informations de sécurité chaque fois que nécessaire et à les partager avec les autres utilisateurs d'iPhone 15. Ensemble, nous pouvons créer un monde numérique plus sûr et plus sécurisé pour tous. Merci d'avoir pris le temps de donner la priorité à la sécurité, et que votre iPhone 15 continue de vous servir avec à la fois commodité et tranquillité d'esprit.